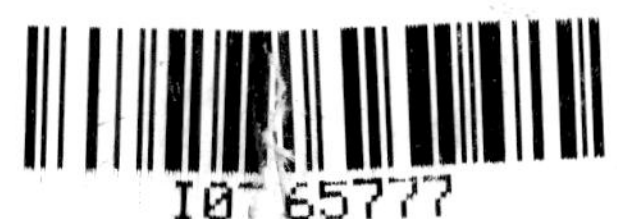

Enjoy it

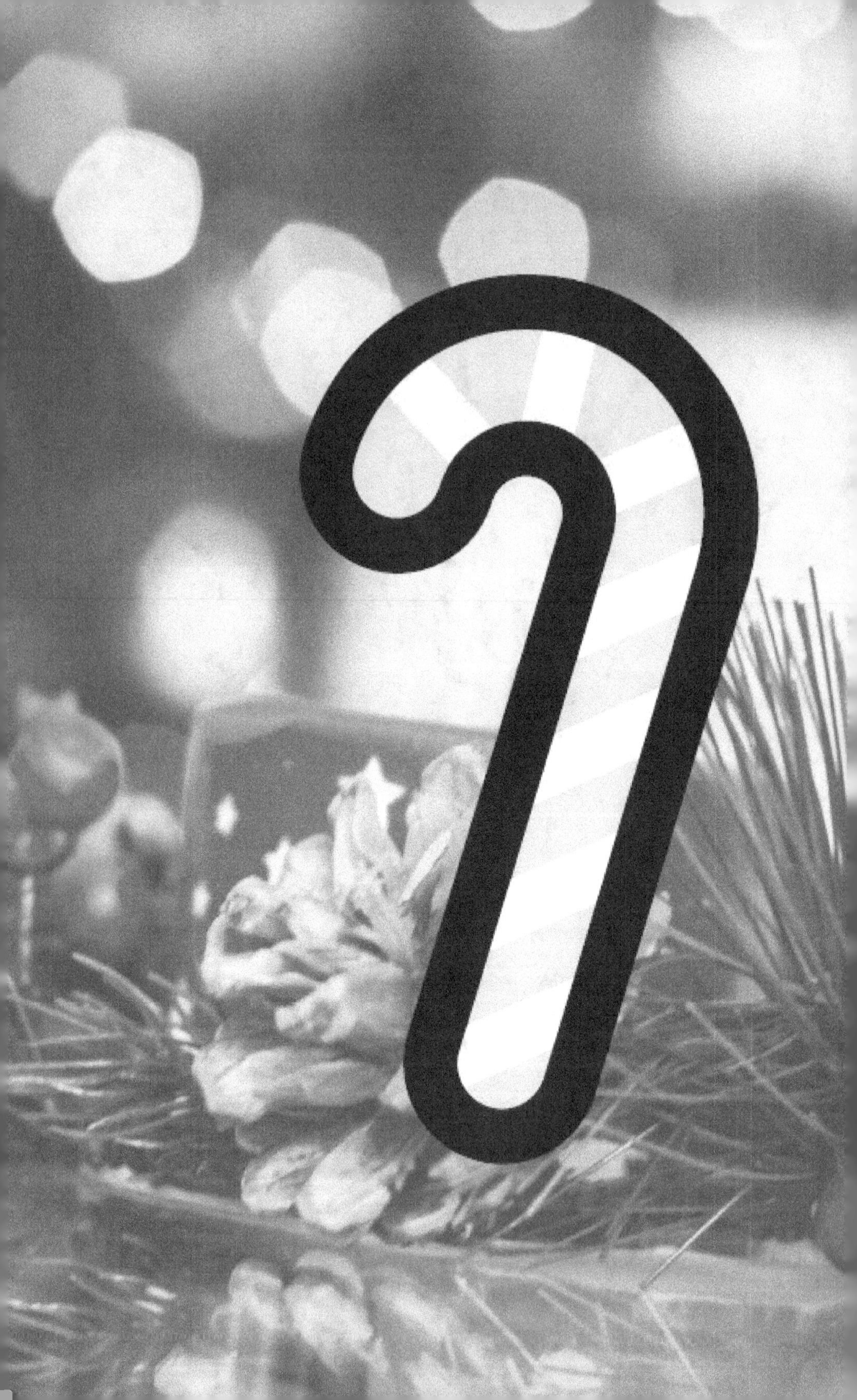

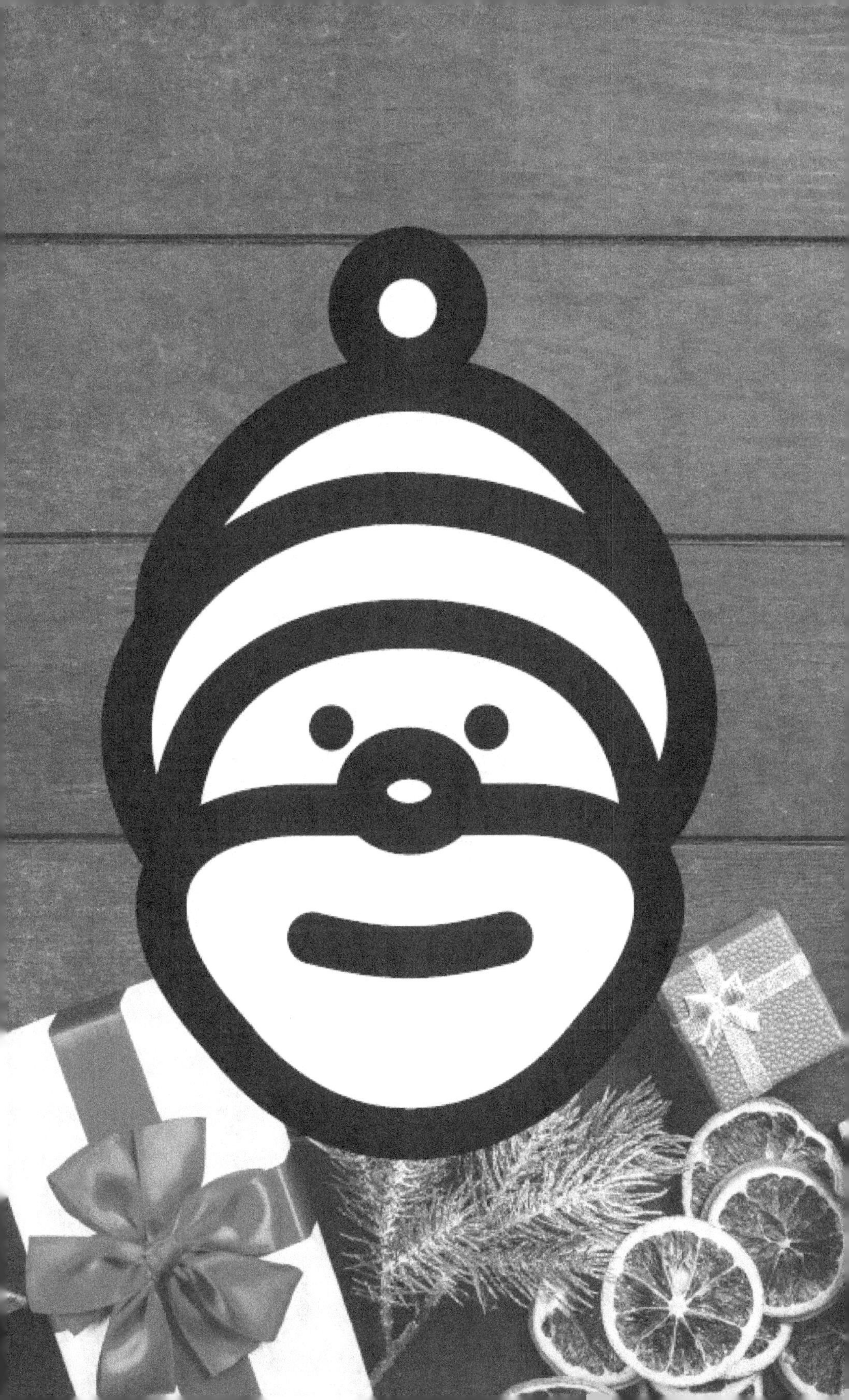

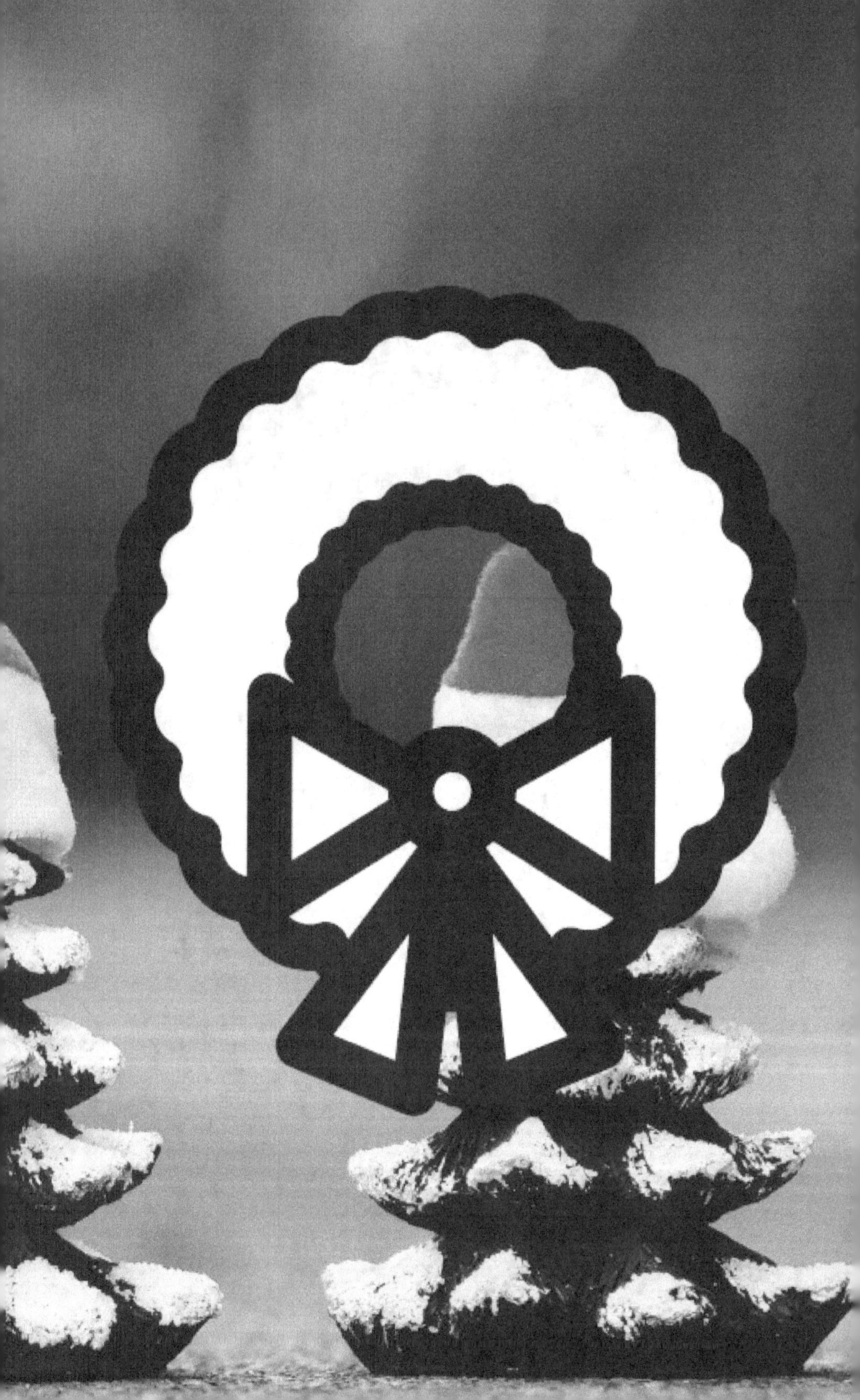

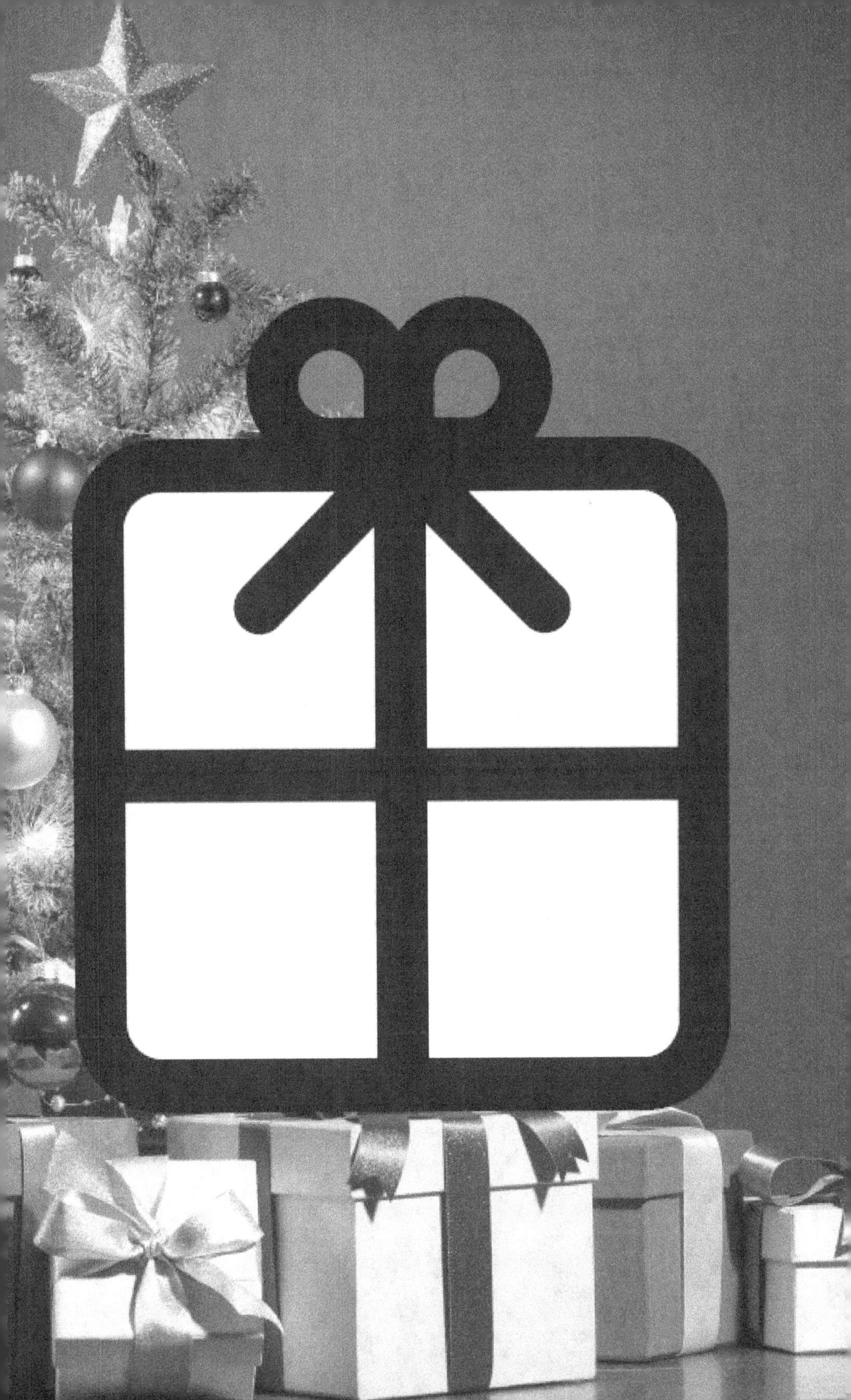

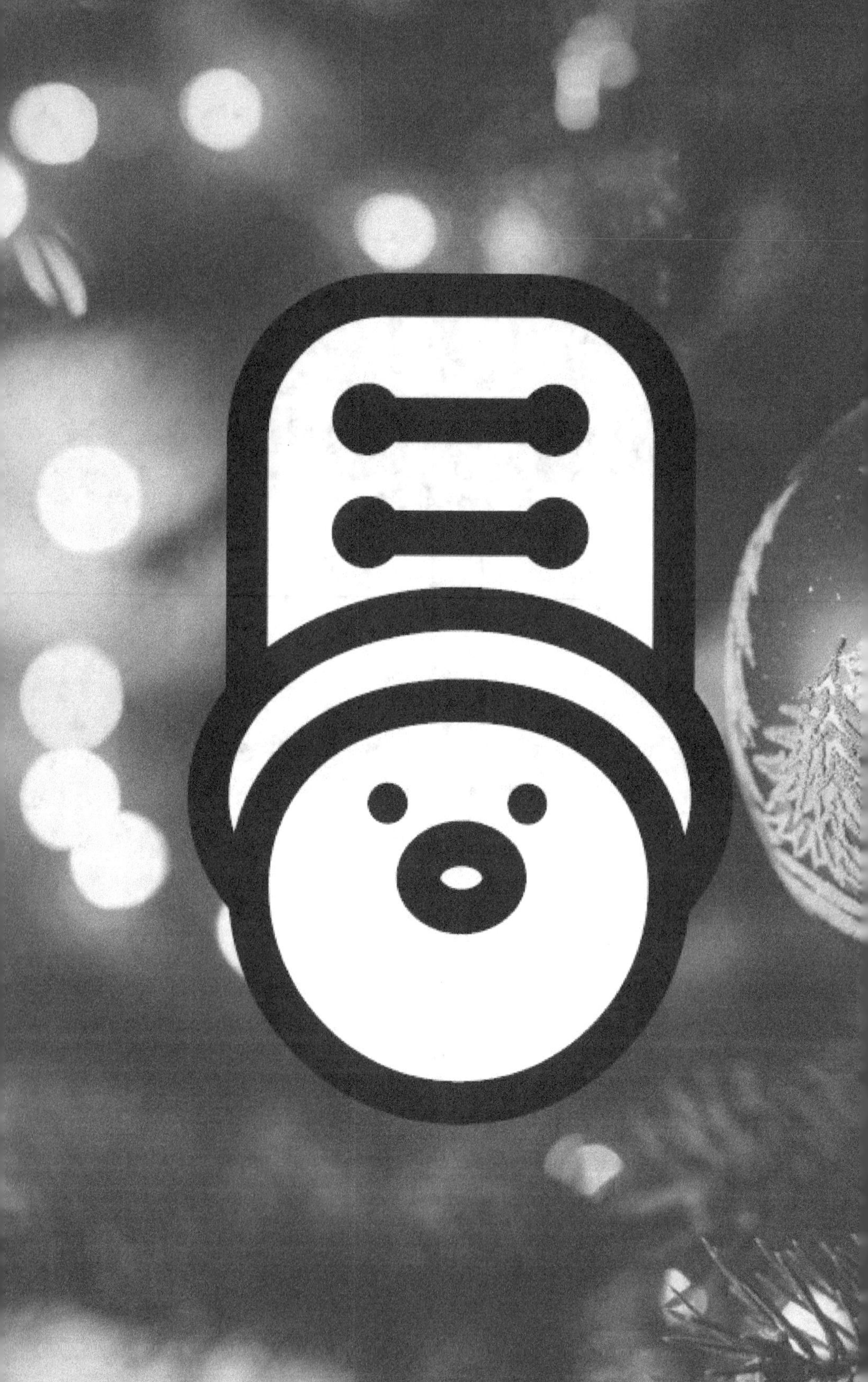

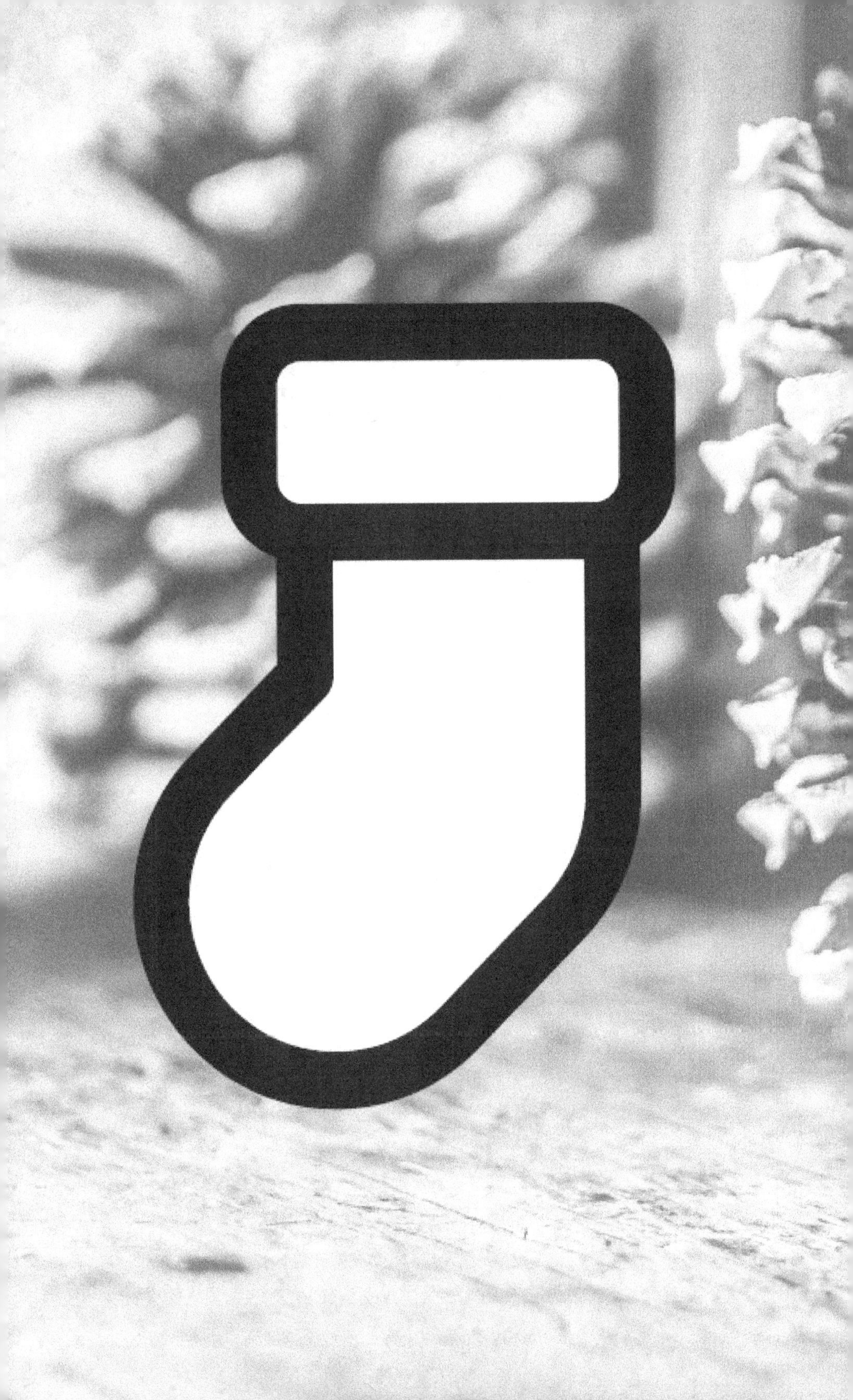

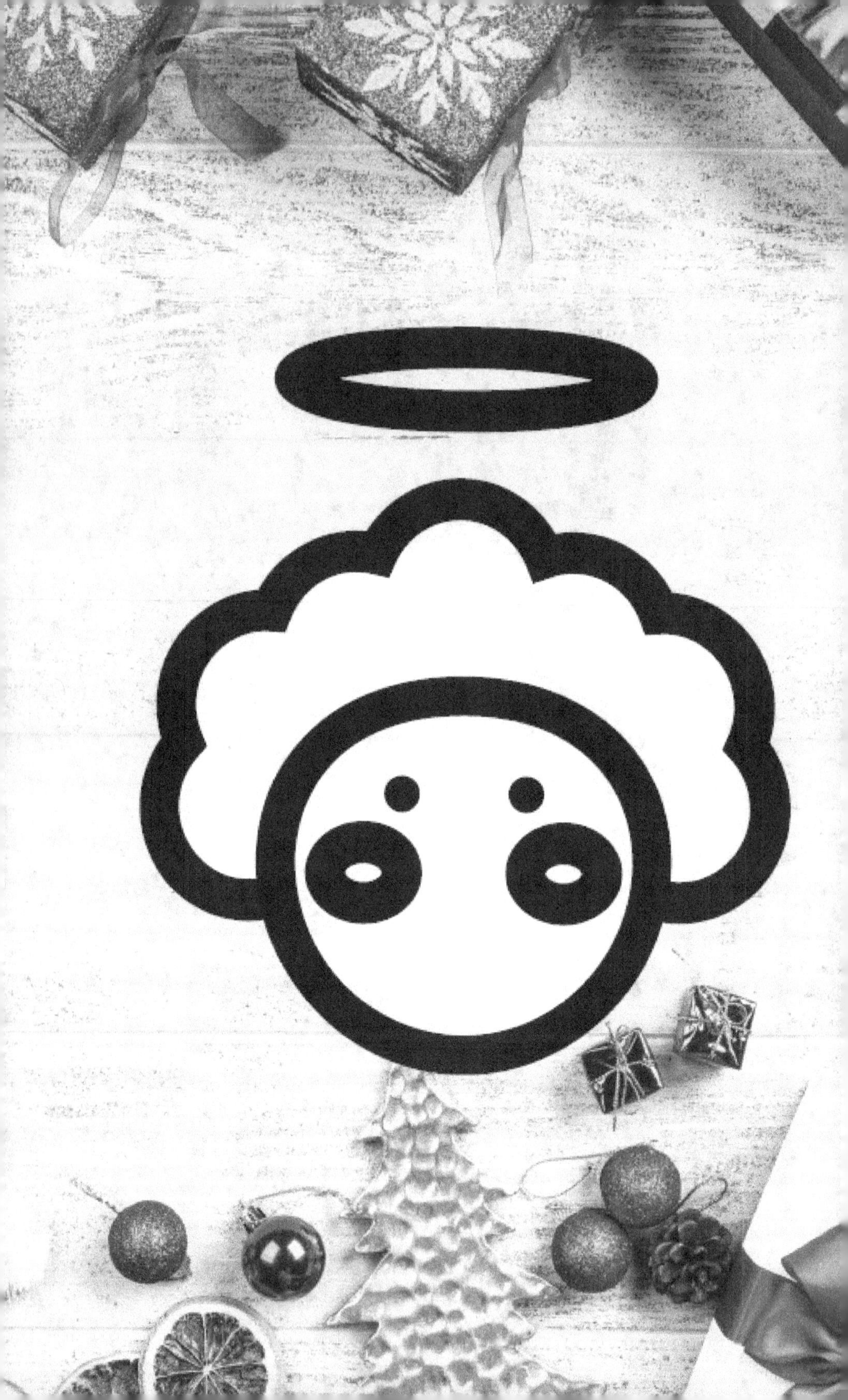

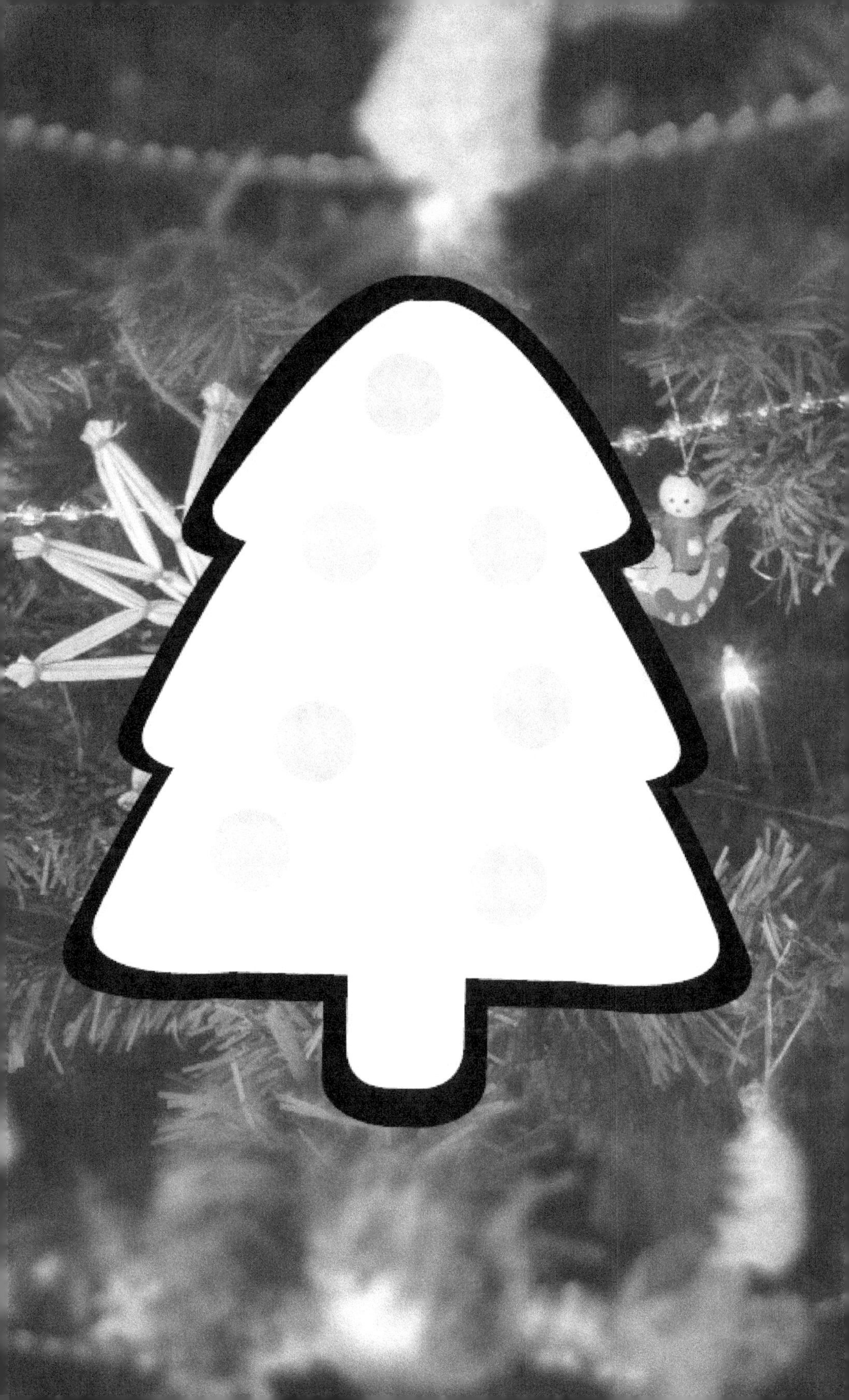

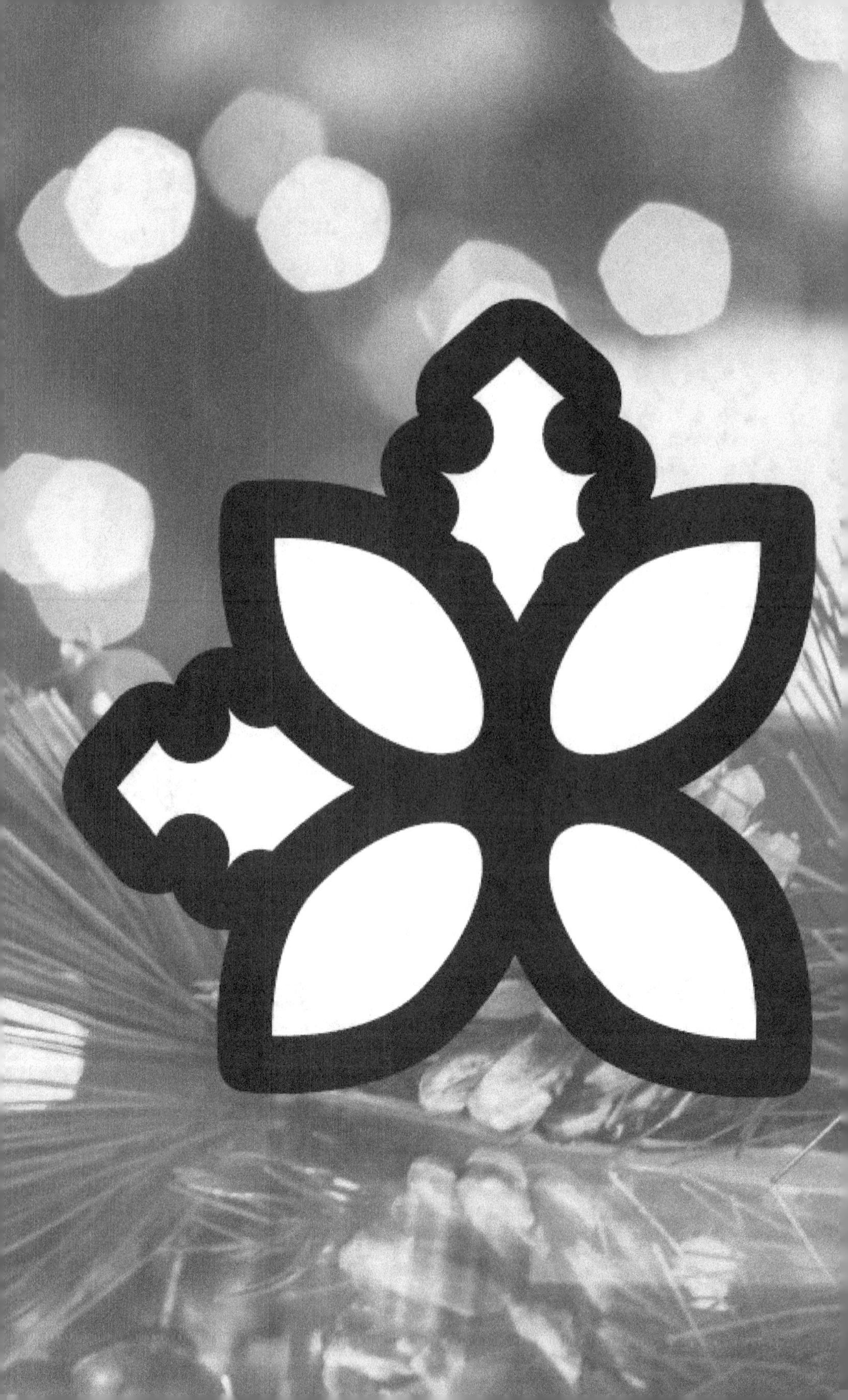

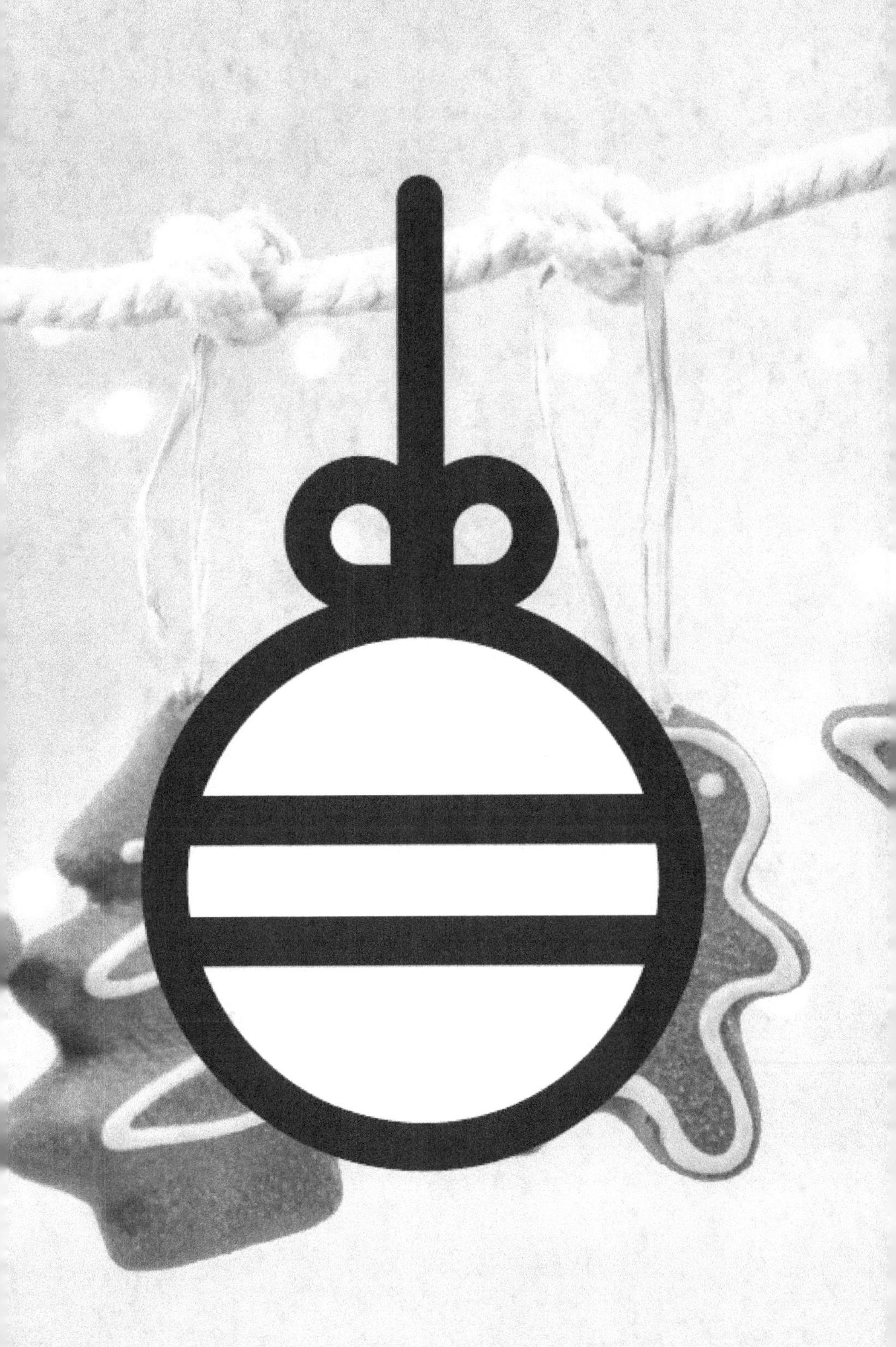

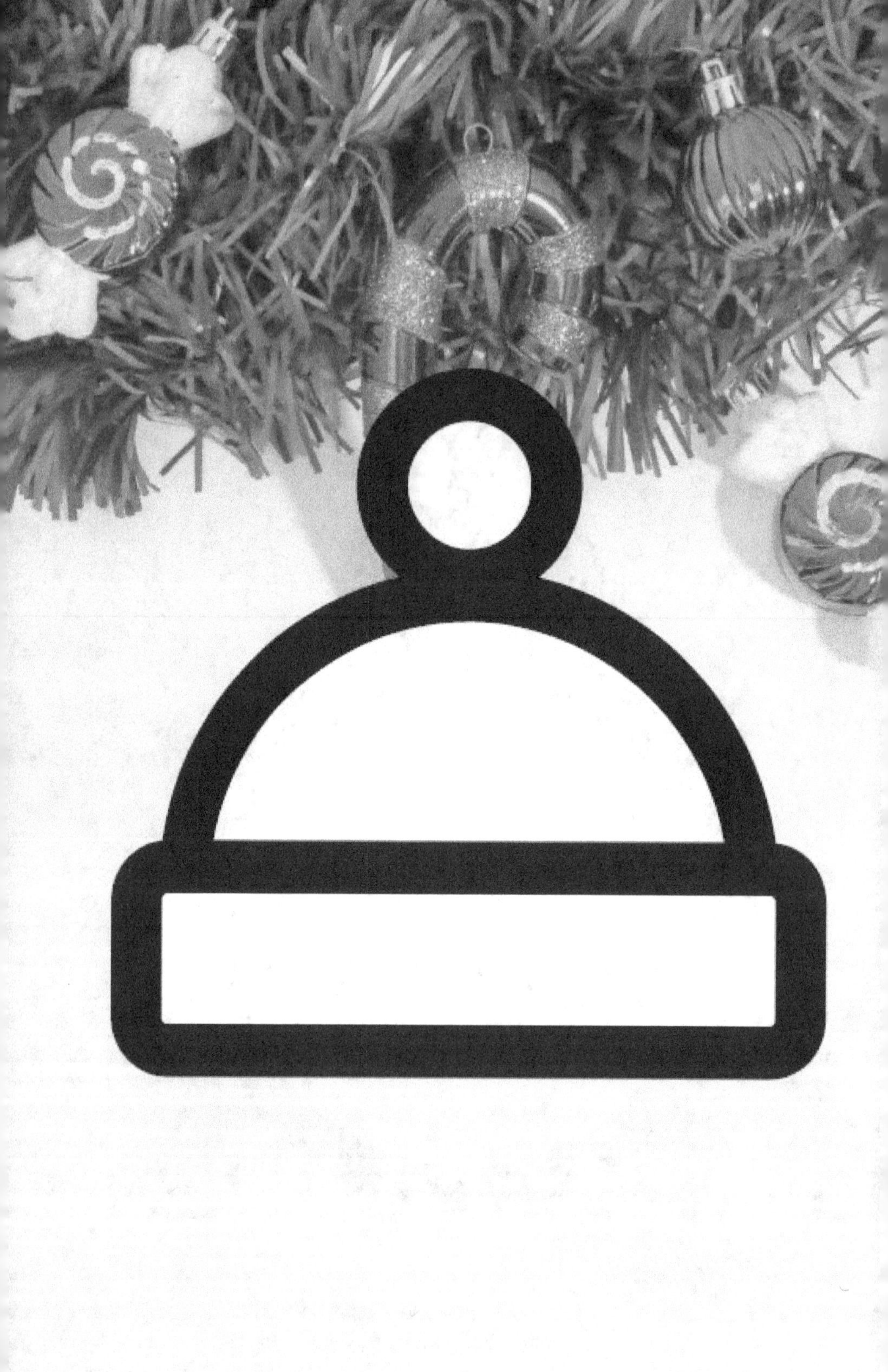

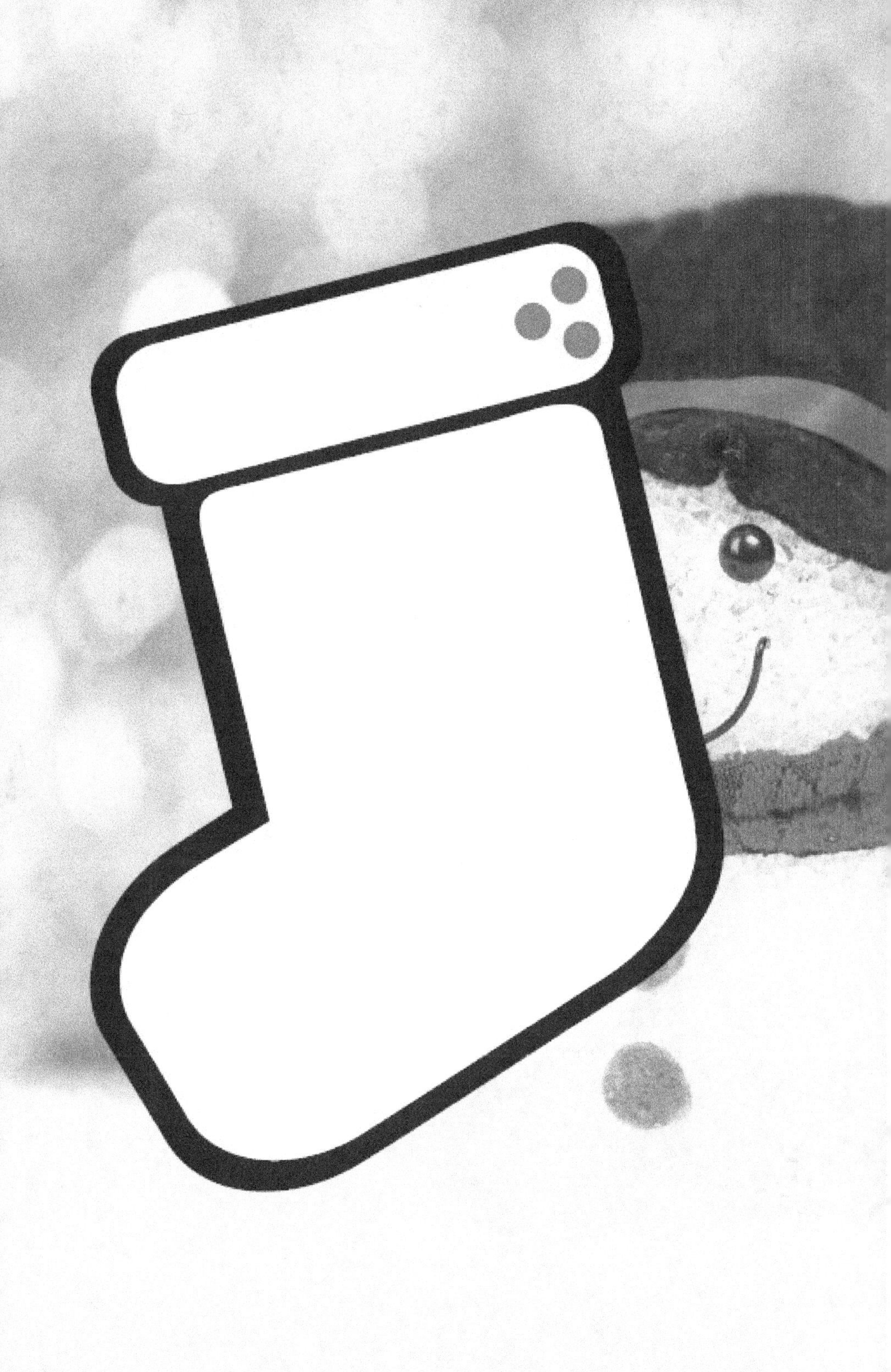

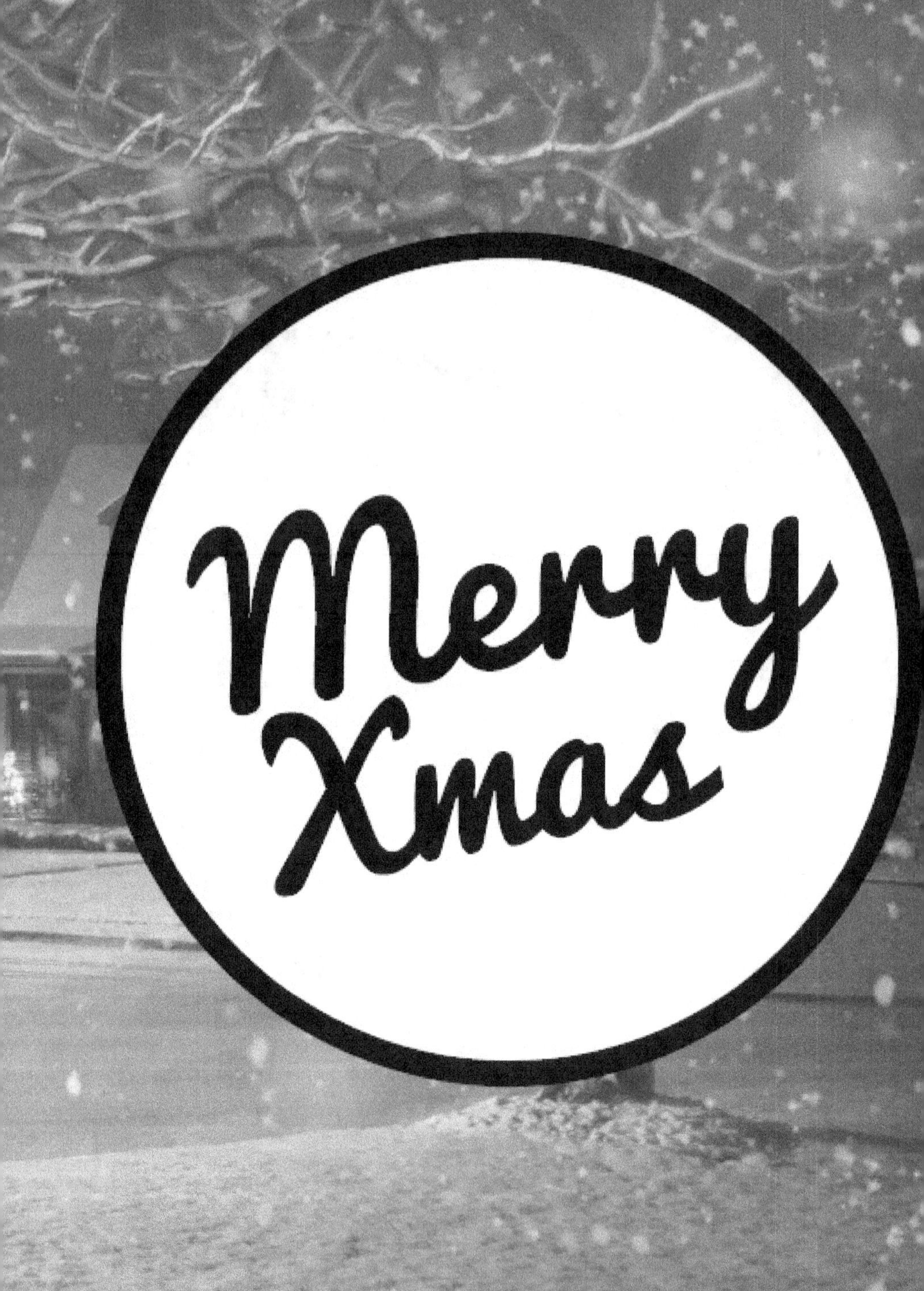

Merry
Xmas

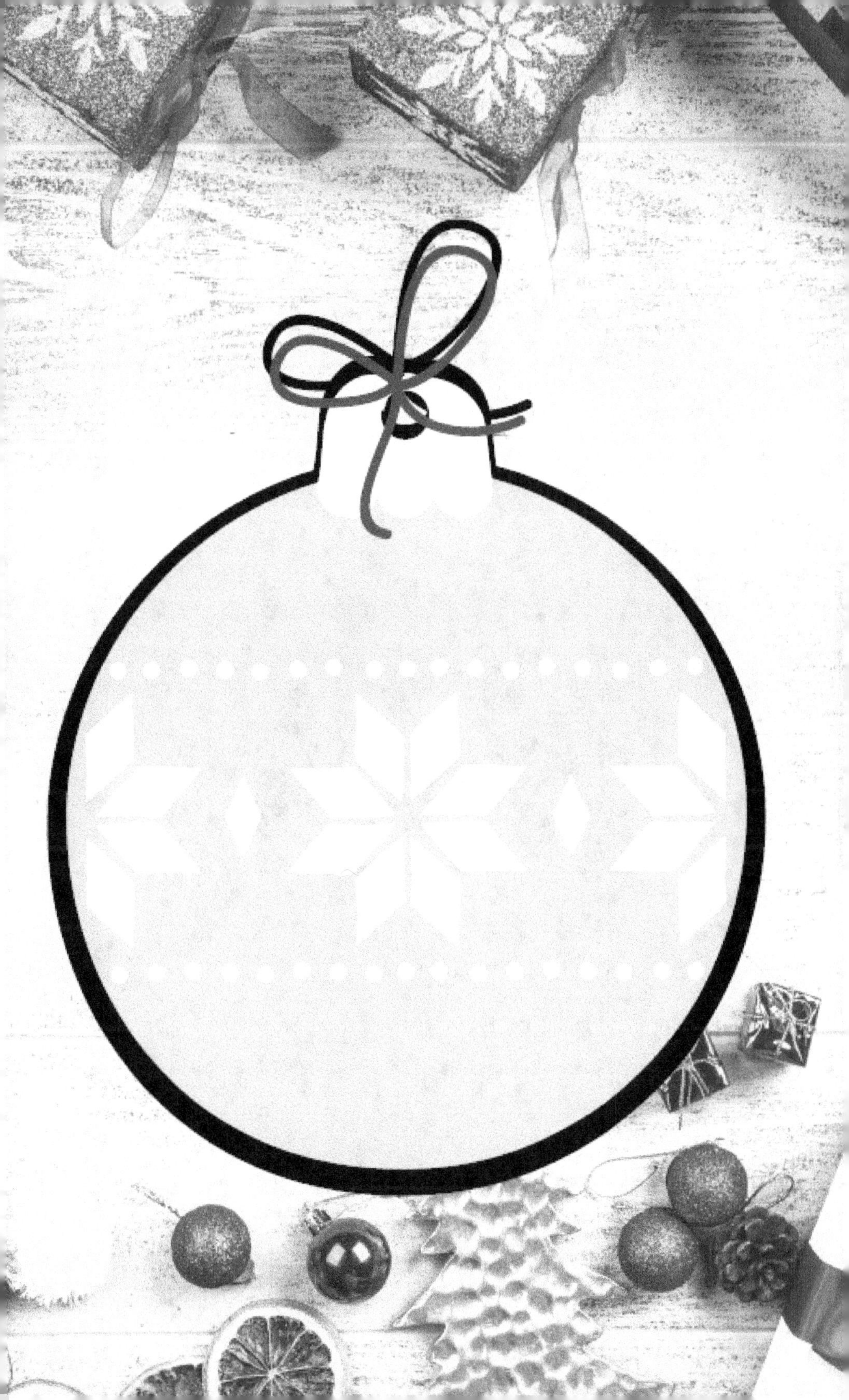

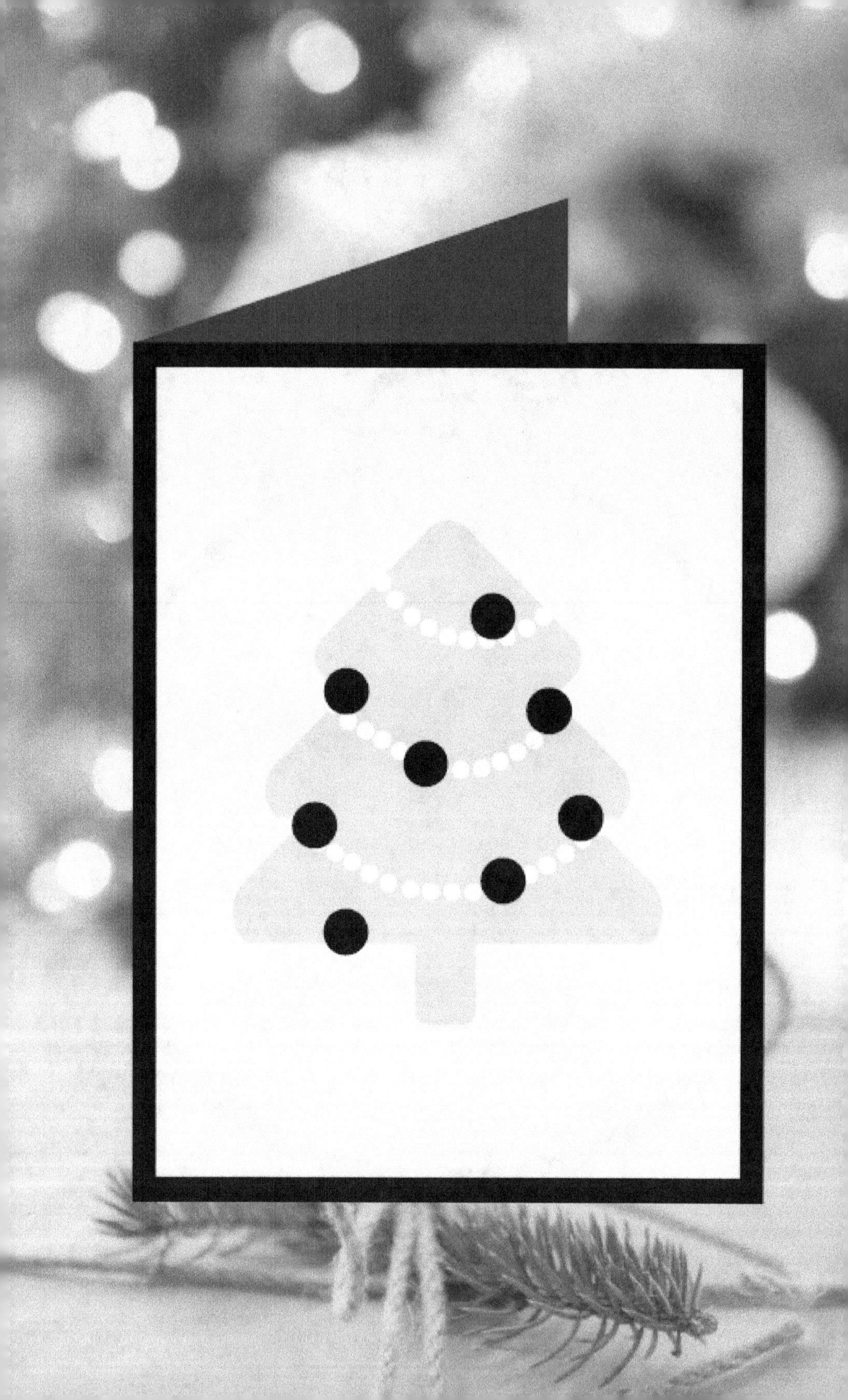

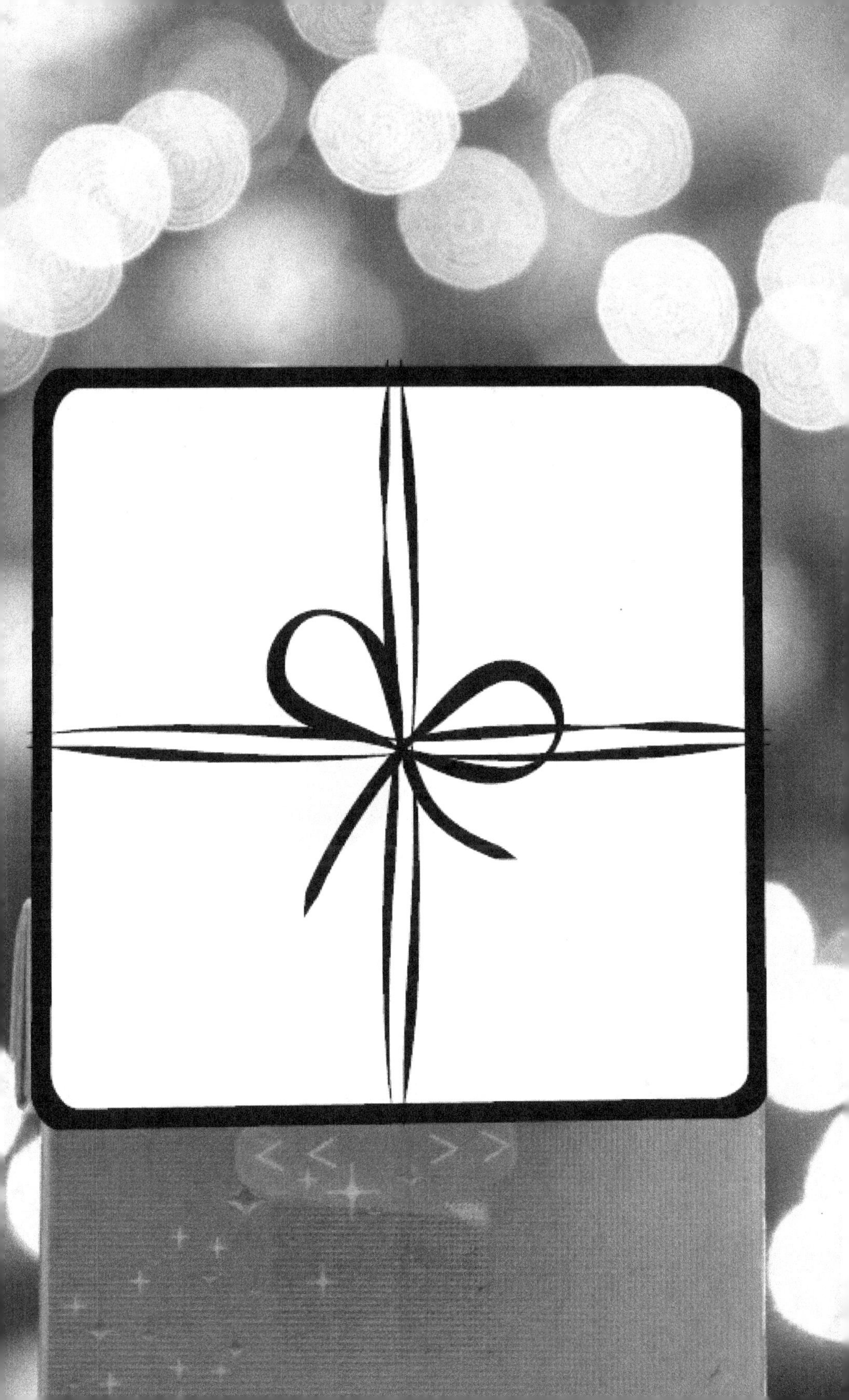

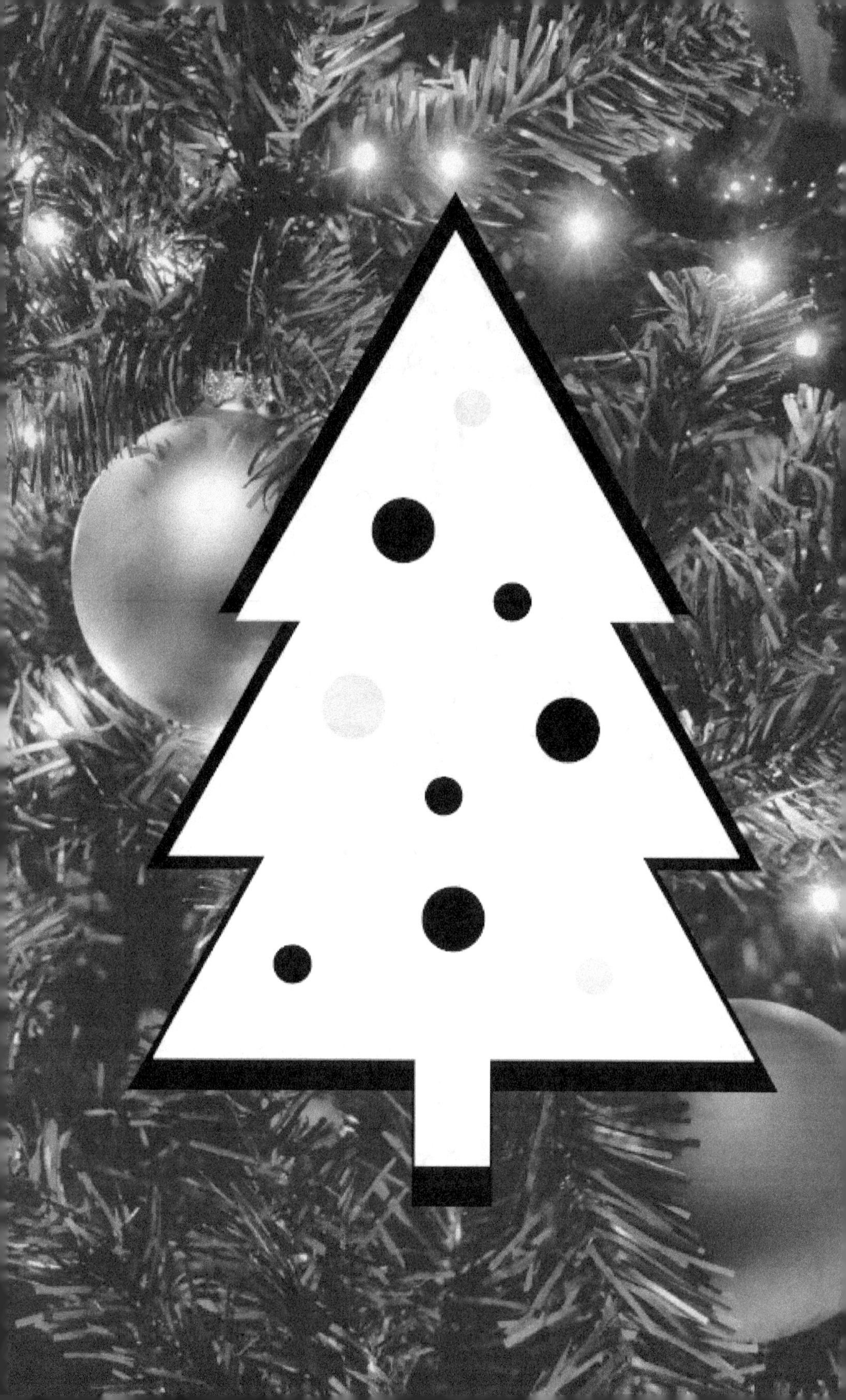

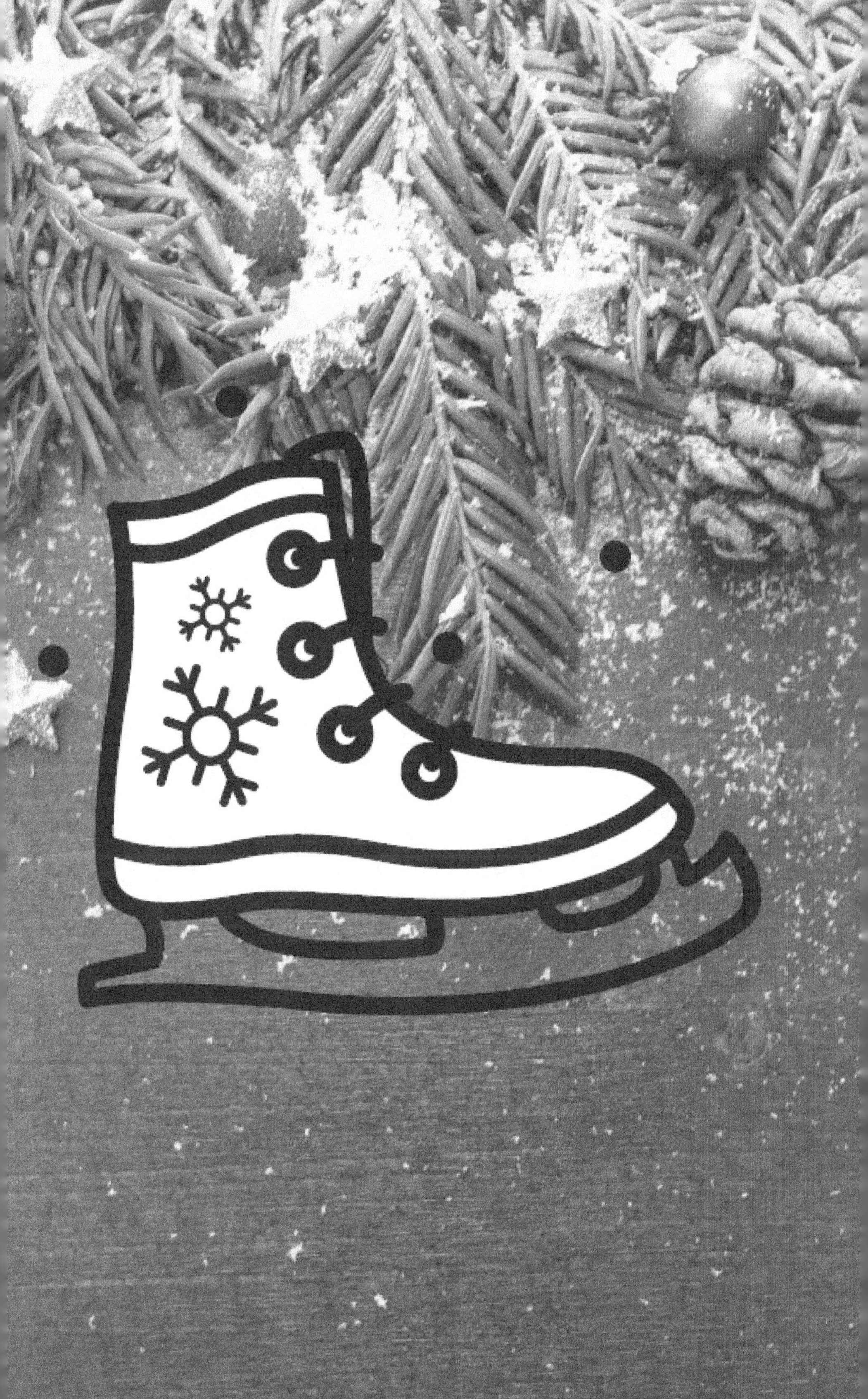

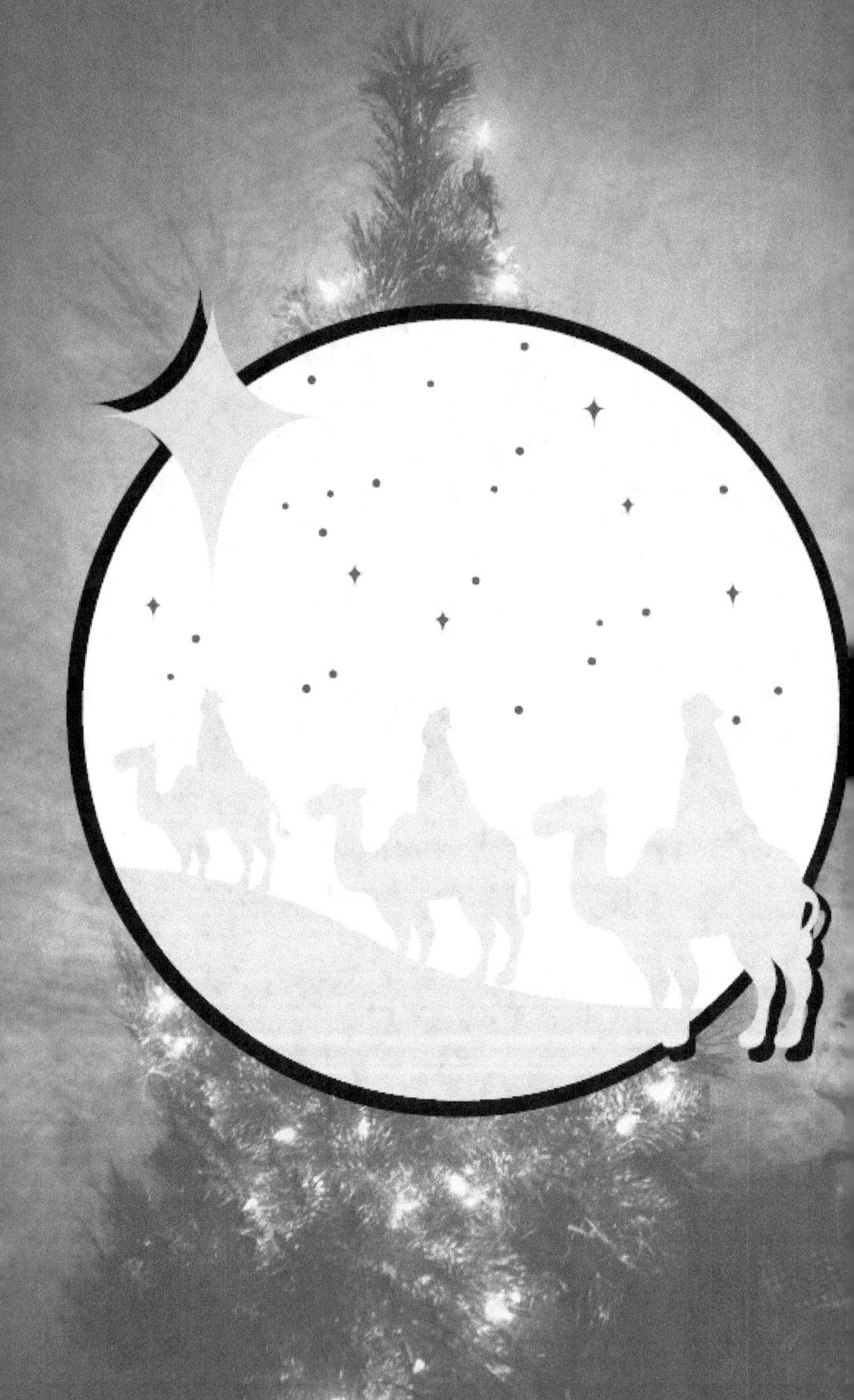

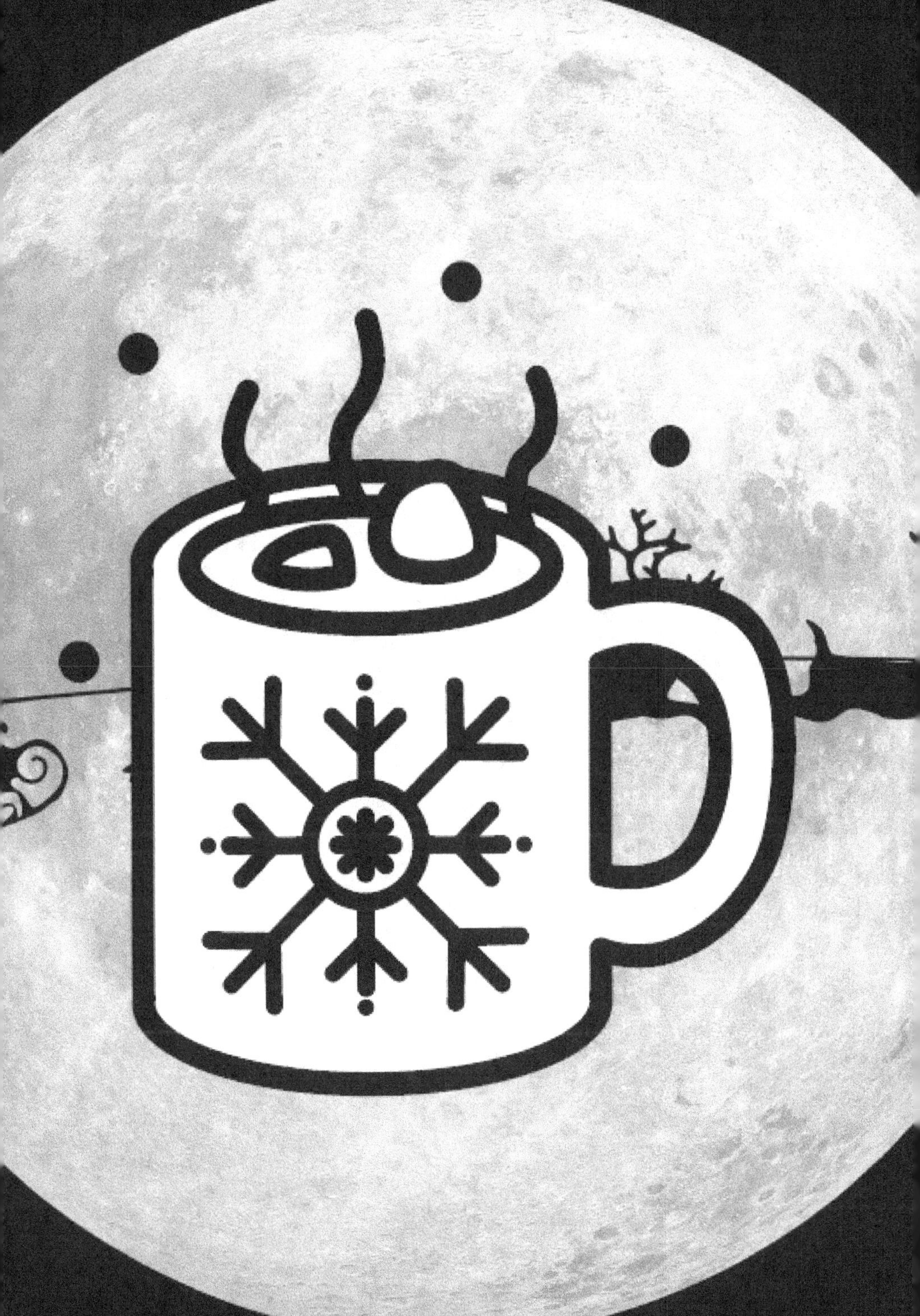

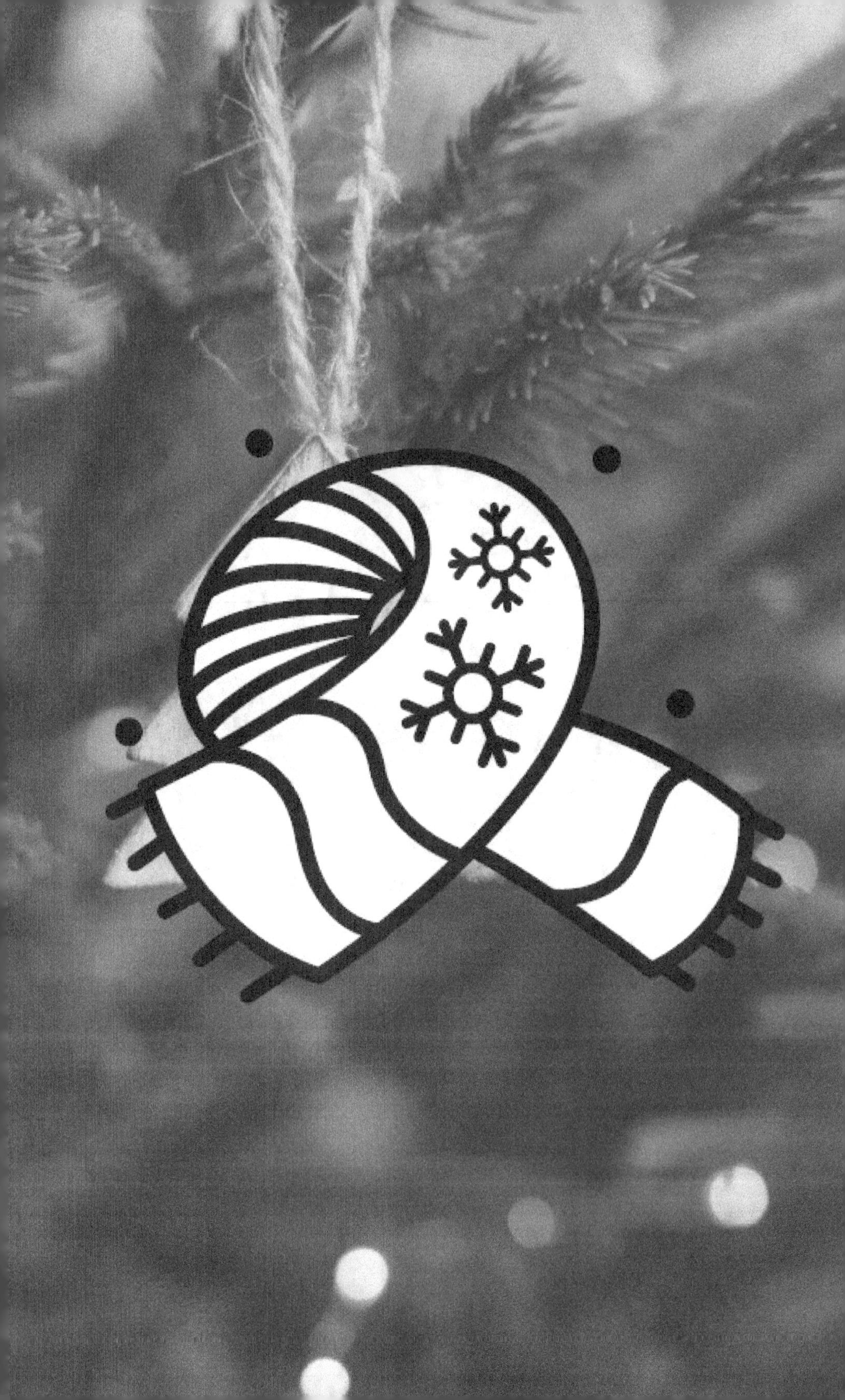

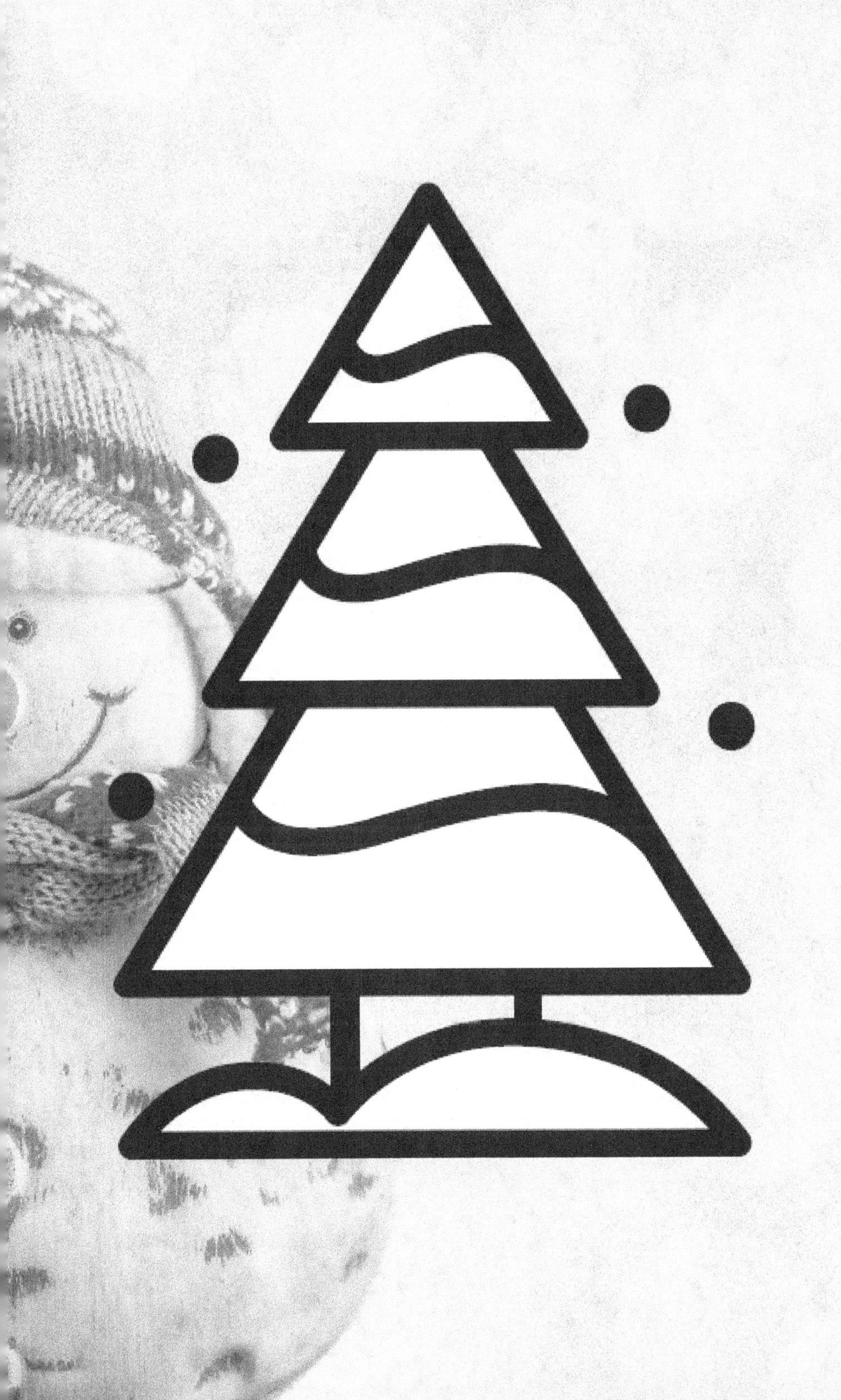

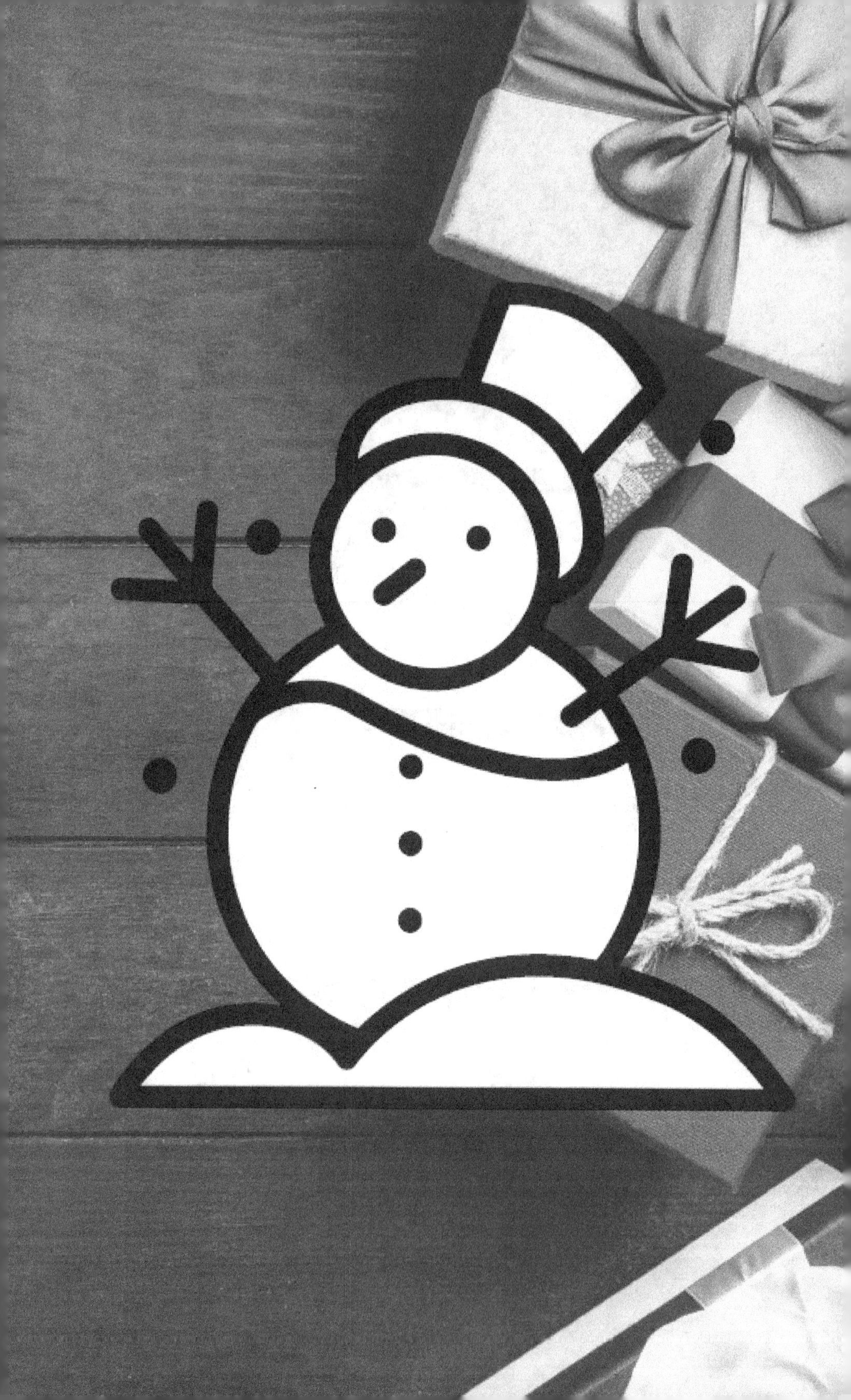